LOS HOMBRES NO SON COMO LOS TACONES

Clara Jaramillo

Publicado por: Mujeres con Mayúscula
Copyright @2014 Clara Jaramillo
www.mujeresconmayuscula.com

Diseño y formación: Jepthé Luévanos
Ilustraciones: Miguel Ángel Huerta

GRACIAS POR COMPRAR ESTE LIBRO...

¡Tenemos un regalo especial para tí!

Visita *www.clarateaclara.com/libros* y regístrate en nuestra lista para que recibas un regalo especial GRATIS como agradecimiento por leer este libro.

Así mismo recibirás un correo electrónico cada que salgan nuevas ediciones, además de otras noticias y productos que seguramente serán de tu interés.

ÍNDICE

DEDICATORIA

Este libro es dedicado a todos los hombres que han estado en mi vida, a los cuales les ofrezco perdón por todos los errores que cometí al no conocer en ese entonces toda la información que contiene este libro. Gracias porque me enseñaron que son unos seres maravillosos, que no ganamos nada haciéndonos las fuertes, las independientes, ni siendo sus rivales, y que la apreciación por lo que hacen por nosotras es tan importante para ustedes como comer o dormir.

A mi padre Ricardo que es un hombre increíble porque me enseñó valores como el respeto, la honestidad y el compromiso. El dice que a las mujeres hay que tenerles paciencia y entenderlas, que seamos sinceras y que no abusemos de los hombres buenos.

A mi madre Elvia Ruiz, gracias por su ejemplo de alegría, seguridad y deseo de ayudar a los otros.

A mi pareja Arturo Rolland por todo su apoyo con este proyecto, por su ayuda incondicional, por ser parte de este estudio y por responder a mis preguntas que han quedado plasmadas en varias páginas de este libro.

A mi hijo Samuel, porque te quiero entender, por toda tu paciencia, por todo tu amor y porque me permitiste ser una mejor mujer al convertirme en mamá.

A mis dos hermanas Gory y Marce por escucharme, por ayudarme en la creación de este proyecto y por ser mis mayores amigas y consejeras.

Clara Jaramillo

INTRODUCCIÓN

El momento para tener este libro es ya, antes de que lo necesites. Toma las riendas de tu vida de inmediato, no pierdas tiempo sin saber qué hacer con tu relación. No te quedes sola o en una mala relación. Los 15 pasos que este libro te ofrece te darán las claves para entender lo que ellos están buscando en una mujer, de una forma fácil, divertida con ejemplos reales y tips que te ayudaran a ser irresistible con los hombres desde el primer día que lo leas. Aprenderás a ser la mujer que cada hombre quiere y desea. Ya sea que estés sola o iniciando un matrimonio o noviazgo debes saber esto. También si tu relación no es como antes, si ves cómo a otras mujeres se les trata bien y a ti no, o si cada vez tienes menos sexo o es de poca calidad. Si sientes que buscas el amor y te tropiezas con la misma piedra o te encuentras en una relación pero luchan por mantenerse juntos.

A partir del 2002 después de mi divorcio me dediqué a investigar el sexo masculino, recopilando los principales conceptos recibidos a través de la observación, experiencias personales, entrevistas a cientos de hombres, seminarios y decenas de libros relacionados con este tema. Todo esto lo resumí en esta guía-libro para que puedas empezar a ver los resultados desde hoy. Gracias a esta investigación y a poner en práctica esta teoría es que tengo una hermosa familia al lado de un ser maravilloso que es Arturo. Él es un excelente hombre, amigo y padre que me ha apoyado mucho en este proyecto, es todo un príncipe y de Samuel mi hijo, ambos son mis mayores inspiraciones para este libro. Les confieso que sin esta información no hubiera logrado tener la familia y la relación tan maravillosa que tengo con mi esposo.

Hace unos meses me llamó un señor de nombre Víctor, y me dijo: *"Yo la escuché en la radio hablando de su libro y con-*

ferencia «Cómo entender a los hombres, solo para mujeres» y le compré un boleto a mi esposa porque estábamos a punto de divorciarnos. Cuando regresó era otra persona, me trataba súper bien, hemos tenido más y mejor sexo, me valora más, aprecia lo que hago por ella y nuestra vida cambió por completo. Sólo la llamaba a darle las gracias por salvar mi matrimonio."

Testimonios como éstos son los que me mantienen motivada a seguir este lindo proyecto, por un mundo de parejas más felices.

01

PARA
COMENZAR...

POR QUÉ HABLO DE ESTO

Soy parte de una familia de tres hijas y más de quince primas, mi madre es toda una matriarca. Estudié desde kinder hasta mi graduación de preparatoria en una escuela sólo de mujeres; los primeros diecisiete años de mi vida estuve rodeada prácticamente del sexo femenino. Yo pensaba que hombres y mujeres actuábamos de igual forma en las mismas circunstancias. Al entrar a la universidad para estudiar mi carrera de ingeniería, en mi salón de clase éramos sólo cuatro mujeres y casi cuarenta hombres. Disfrutaba mucho de la compañía masculina, observaba qué buenos compañeros eran ellos entre sí, qué relajada y fuera de complicaciones era su vida y me encantó esa etapa, quedé fascinada.

Al comienzo de mi carrera cuando empecé a tener mis primeros novios y al pasar del tiempo, fui una mujer terrible debido a mi inexperiencia e inmadurez que se aprovechaba de la bondad de estos maravillosos hombres. Recibía flores, regalos, tarjetas, peluches, joyas, viajes, muchas atenciones y ¿cómo respondía? ignorándolos, aplastándolos y haciéndoles muchas groserías, les causé mucho daño, los hice sufrir, llorar y hasta al psicólogo iban a parar. Cuando empecé a trabajar yo era muy independiente, autosuficiente, tenía un buen ingreso y creía que todo lo podía hacer sin necesidad de un hombre. Pensaba que los hombres eran como los tacones, siempre quería tener unos nuevos y al rato los quería tirar lejos o los trataba de amoldar a mi gusto.

Al llegar a San Diego California, conocí a un hombre muy bueno, era mi mejor amigo y mi confidente. Al cabo de unos meses decidimos casarnos. Después de un tiempo de vivir en pareja como matrimonio, me fui sintiendo atrapada en la relación, sentía como si estuviera en un cautiverio, presa, como a un pájaro en una jaula de oro. Para mí, la libertad era el sinónimo de felicidad, empecé a sentir la necesidad de terminar ese estado en el que me sentía, pero no era capaz por temor a perder a mi mejor amigo ya que él fue muy bueno conmigo y me ayudó muchísimo. Sin embargo, después de 5 años nos divorciarnos y me quedé sola. Nuestros amigos lo apoyaban a él porque supuestamente yo era la fuerte, la invencible y la súper mujer independiente y segura, que nada ni nadie me podía afectar.

¡Pero claro que yo no era esa mujer de acero que todos creían!. Entré en una gran depresión y esto me generó un terrible insomnio. Pasaba largas noches llorando, pensando en todos los errores que había cometido con él y con los hombres maravillosos que habían estado a mi lado. En esas eternas noches, recapitulé todas las relaciones que había tenido y cómo me había estado conduciendo con respecto a los hombres. Un día, después de ir a una terapia del sueño, la doctora me recomendó leer cuando no pudiera dormir y me compré varios libros de crecimiento personal. Una noche cuando estaba leyendo el libro de Debbie Ford *"Divorcio espiritual"* me encontré una frase que cambiaría mi vida:

> "SI TÚ DESEAS SER FELIZ, AYUDA A OTRAS PERSONAS A SER FELICES, DA LO QUE TÚ QUIERES RECIBIR".

Yo me preguntaba, ¿Qué tengo para dar si estoy llena de tristeza y soledad? Lo único que puedo compartir es la información de todos los libros que he leído y lo que he aprendido después de esta terrible etapa. Un par de días después me decidí e invité a mi hermana y a tres amigas a mi casa, el tema de nuestra reunión era *"Cómo comunicarte mejor"* La reunión fue todo un éxito. Nos escuchamos mutuamente y crecimos cada una con las experiencias de las otras, así que acordamos reunirnos al próximo mes con más amigas.

QUEDÉ FASCINADA DE PODER COMPARTIR CON OTRAS MUJERES, ESCUCHAR SUS EXPERIENCIAS Y APRENDER DE ELLAS TAMBIÉN, Y ESTO ME AYUDÓ A SALIR ADELANTE DE MANERA MARAVILLOSA.

En la siguiente ocasión que nos reunimos ya éramos ocho mujeres, al otro mes quince, y así seguimos creciendo. Actualmente ya hay grupos de mujeres en diferentes ciudades de Estados Unidos, México, Colombia, y de hecho buscamos abrir grupos en otros países. Así fue como inició la *Fundación Mujeres con Mayúscula (www.mujeresconmayuscula.com)*, dedicada al crecimiento y liderazgo de la mujer.

Después de varios años entendí que el divorcio fue el catalizador para mi despertar, que siempre debemos agradecer las etapas difíciles en nuestra vida porque por medio de ellas aprendemos, maduramos y crecemos como personas. Que siempre tenemos la oportunidad de sacudirnos y reacomodar nuestras ideas y así cambiar la manera de conducirnos. Esta etapa me ayudó a tener una mejor relación conmigo misma y a decidir ser feliz ayudando a ser felices a las demás personas. Me tomé el tiempo de analizar, de recapacitar y aprender de todos los errores que había cometido con esos seres tan maravillosos que lo único que querían era que yo fuera feliz.

Los 15 puntos de los que trata este libro los empecé a compartir con mujeres a través de conferencias organizadas por la *Fundación Mujeres con Mayúscula*, con las amigas de mi escuela, en reuniones organizadas por lideres en la comunidad, etc. Por lo general después de cada presentación me pedían un material escrito con todo este contenido porque lo querían tener como un manual de estudio o consulta. Fue así como nació este libro y en el que el objetivo principal es lograr que tengas una relación exitosa, armoniosa y espectacular con todos los hombres. Sé que todo esto no aplica al 100% de ellos, pero seguramente sí a su gran mayoría.

CÓMO SON LOS HOMBRES
SEGÚN LAS MUJERES

Recibo cientos de respuestas, muchas veces contrarias, entre ellas están:

I SÓLO PIENSAN EN SEXO

I FRÍOS   I PROTECTORES

I CARIÑOSOS   I INFIELES

I NO EXPRESAN SUS SENTIMIENTOS

I TIERNOS   I MACHISTAS

I FUERTES   I EGOCÉNTRICOS

I LES INTERESAN MÁS LOS DEPORTES QUE SU FAMILIA

I NO ESCUCHAN

I CELOSOS   I CALLADOS

I POCO DETALLISTAS

I NO AYUDAN EN CASA

I VALIENTES   I AMABLES

I PROVEEDORES

I PREFIEREN A SU MAMÁ

I ESTÁN PEGADOS DEL CELULAR

I ¿CUÁL ES TU DESCRIPCIÓN?

POR QUÉ DEBEMOS ENTENDERLOS

Entender a los hombres es una necesidad si queremos ser felices a su lado, ser tratadas como unas reinas y no ser sus rivales de batalla. Muchas veces me preguntan: ¿Y por qué no nos entienden a nosotras primero? la respuesta es muy sencilla, porque alguno de los dos tiene que empezar, una vez tu inicies este proceso de entender lo que es importante para ellos, automáticamente te van a dar la oportunidad de que tu expreses lo que es importante para ti.

En mi próximo libro sobre cómo entender a las mujeres, será el complemento perfecto para que ellos comprendan lo que es importante para ti, cuáles son tus necesidades y por qué actúas de esa forma.

Walter Riso, en su libro *Afectividad Masculina* dice:

> "NO ES FÁCIL SER VARÓN, NO ES TAN SENCILLO SER AL MISMO TIEMPO FUERTE Y FRÁGIL, SEGURO Y DEPENDIENTE, RUDO Y TIERNO, AMBICIOSO Y DESPRENDIDO, EFICIENTE Y TRANQUILO, AGRESIVO Y RESPETUOSO, TRABAJADOR Y CASERO."

Por otro lado, esto fue los que respondió Nora Taboada, *coach* de la felicidad cuando le pregunté por qué es importante entender a los hombres:

"Hemos luchado por ganar un lugar justo en el mundo corporativo, en altos mandos a nivel político, industrial y científico. Todo esto ha sido esencial para los derechos de la mujer y hemos evolucionado su rol dando lugar a una "nueva mujer"

con una voz cada vez más fuerte. Sin embargo, mi sentir es que la evolución del rol del hombre no ha estado a la par. No nos hemos detenido a pensar en cómo se ha visto afectado y modificado su papel ante esta "nueva mujer" fuerte, independiente y autónoma. No hemos considerado cuáles son sus necesidades y los elementos que necesita para redefinirse de una manera plena como ese "nuevo hombre" durante el milenio"

Los hombres ¡son hombres! el problema de las mujeres es que deseamos que los hombres actúen como la mujer perfecta que queremos ser. Respecto a este punto Nora Taboada comenta:

> "AHORA LES DEMANDAMOS A LOS HOMBRES QUE SE INVOLUCREN ACTIVAMENTE EN LA CRIANZA DE LOS HIJOS, EN LAS LABORES DOMÉSTICAS Y ESPERAMOS QUE APOYEN INCONDICIONALMENTE A LA "NUEVA MUJER".

"Les exigimos vulnerabilidad y fortaleza, más orden y estructura, mejor comunicación, más expresión de sus emociones y, en general, les estamos empezando a demandar que piensen más como nosotras. Creo que lo que realmente deseamos y necesitamos de ese "nuevo hombre" es que entienda mejor a la mujer, no que se convierta en una. Tanto hombres como mujeres nos desarrollamos mejor cuando convivimos en un marco de respeto, empatía y apoyo. Aprendamos a entender, a amar y alentar mejor a nuestros hombres. Hagámoslo por nuestra generación y por las que vienen".

¿CUÁLES SON LAS PRINCIPALES DIFERENCIAS ENTRE LOS DOS SEXOS?

¿Sabías que más del 50 porciento de las parejas se divorcian? Una de las razones es por no comprender las principales diferencias entre los hombres y las mujeres. Constantemente se pelean por las diferencias de opiniones, comportamientos, actitudes y creencias.

La realidad es que por naturaleza divina, los hombres tienen un diseño distinto al nuestro, fuimos creados de manera distinta para combinarnos con nuestros talentos y habilidades tan diferentes. No podemos comparar peras con peras, porque ellos interpretan y actúan diferente a las mujeres en cada situación. Las mujeres escuchan mejor que los hombres y recuerdan mejor las fechas, es más factible que tu hombre no recuerde la fecha de aniversario o el cumpleaños de tu mamá, ni cómo estaban vestidos los invitados de la fiesta, qué comieron y con quién fueron. Nosotras recordamos cada detalle del evento.

A la mujer le cuesta deshacerse de las cosas, guardamos más cosas en el closet, en el refrigerador y en la bolsa. Los hombres son sencillos y prácticos. También la mujer es más auditiva, esperamos escuchar a menudo que nos quieren y que somos importantes para ellos. A nosotras nos encanta que nos estén diciendo todos los días palabras bonitas que nos llenan el corazón de felicidad, mientras que los hombres son más visuales, la mayoría prefieren que te pongas tu mejor vestido o pijama o que les sirvas una comida deliciosa y con eso son felices.

Cuando un hombre va al baño, usualmente va por una

sola razón, nosotras vamos para socializar, ponernos al día con la amiga o para pedir un consejo. ¿Qué pasaría si Pedro le dijera a Juan, *"me acompanas al baño"*?

Las mujeres se quejan de los hombres por ser insensibles, no escuchan, no hablan, desean tener sexo en lugar de hacer el amor. Porque son infieles, porque dejan la tapa del sanitario levantada y porque no cambian el rollo del papel higiénico cuando se acaba.

Por el contrario, los hombres se quejan que las mujeres no sabemos conducir un auto, que hablamos mucho y con rodeos, que casi siempre ellos son los que tienen que iniciar el sexo y porque dejamos la tapa del sanitario abajo.

Muchas mujeres piensan que los hombres están buscando una mujer que se vea perfecta, que tenga sus dotes, la mujer que no pueden obtener, o la mujer del otro, la que no se queja, no reclama mucho y está de acuerdo con él en todo.

Sí, es cierto que si les preguntas a los hombres lo que quieren, hay muchos que estarían de acuerdo con las respuestas anteriores, pero el gran secreto es que lo que los hombres quieren y lo que dicen que quieren son dos cosas diferentes. En el fondo la gran mayoría busca a una mujer feliz, segura de sí misma, femenina y con valores para establecer una relación seria y a largo plazo. Y lo que nosotras necesitamos es aprender a conocerlos en sus etapas para saber cómo hacerlos felices.

Una de las mejores maneras de comprenderlos es entendiendo la organización del cerebro del sexo opuesto. El cerebro está dividido en dos hemisferios, en la mujer el hemisferio izquierdo es más grande, éste se encarga del habla, el lenguaje, la lectura, la escritura, matemáticas y la lógica. En los hombres el hemisferio derecho es más grande y tiene a su cargo los sentimientos, emociones, creatividad y habilidades de arte y música. Esto explica por qué las mujeres tenemos mejores habilidades verbales y el hombre mejor desempeño en tareas especiales. Además, en la mujer trabajan los dos hemisferios simultáneamente, en cambio en el hombre sólo funciona un hemisferio a la vez.

Gracias a diversos estudios de la neurociencia, sabemos que las niñas aprenden mejor en situaciones no competitivas y de cooperación y en cambio los niños son motivados por ambientes competitivos donde haya ganadores y perdedores.

En el próximo capitulo sobre los 15 puntos que toda mujer debe saber sobre los hombres, aprenderás lo que ellos buscan desesperadamente en una mujer y cómo ser irresistible para ellos.

02

LAS 4 ETAPAS DE LOS HOMBRES

1 - MOTOCICLETA
2 - CAMIONETA
3 - CONVERTIBLE
4 - SEDÁN

LAS 4 ETAPAS DE LOS HOMBRES

Saber en qué etapa de la vida se encuentran los hombres es de vital importancia para entenderlos. Algunos no quieren ningún compromiso, otros se quieren casar con la primera que encuentren, otros no quieren mostrar el anillo hasta que tengan casa, carro y la caja fuerte llena, a otros les da por cambiar su carro muy seguido, cambiar su guardaropa completo y frecuentar los bares como cuando tenían 18. ¿Y qué tal al que le da por llorar sin aparente razón? ¿O aquel que quiere cambiar completamente de profesión después de los 45 años?

¿Qué hacemos en esos casos?

¿LOS DEJAMOS?, ¿LOS AGUANTAMOS?, ¿LLAMAMOS A UN CONSEJERO?, ¿AL CURA?, ¿A SU MAMÁ?... ¡AYUDA!

En definitiva, los hombres son más predecibles que las mujeres. Aprender las etapas de ellos según su edad, nos ayudará a entender por qué hacen lo que hacen y a la vez nos servirá para que lejos de juzgarlos, los apoyemos y pasemos juntos esas etapas.

De esta manera encontraremos una respuesta a muchos momentos de frustración o incertidumbre que suceden durante la vida del hombre.

En las siguientes páginas de este capítulo veremos cada una de estas cuatro etapas.

1 - MOTOCICLETA

Es aquel hombre entre 17 y 30 años donde la aventura y la pasión rigen su vida. Para la mayoría de ellos el compromiso no está entre sus planes. No quieren que nada ni nadie los ate. El físico, las curvas y la sexualidad son su prioridad. Quieren conquistar al mundo en su motocicleta. Muchos de ellos no saben qué hacer con su vida, no tienen planes, ni ahorros, ni mucho qué ofrecerle a una mujer. Si un hombre se comprometió a esta edad, hay una alta posibilidad que en el transcurso de su vida quiera volver a subirse a su moto, y ser el conquistador que no pudo lograr durante esta etapa debido a los compromisos familiares y laborales que adquirió a temprana edad.

Carlos, uno de mis entrevistados de 22 años, se enamoró perdidamente de su compañera de escuela. Duraron 4 hermosos años de novios, todo era color de rosa y se entendían a la perfección. Él había tenido sólo una novia antes de casarse. Finalmente decidieron unir sus vidas e hicieron una boda sencilla en la casa de su suegro de acuerdo a su escaso presupuesto.

Todo iba muy bien. Al cabo de un año tuvieron a Pedro, su primer hijo. Estaban felices, salían a pasear, disfrutaban del tiempo en familia. El dinero aunque escaso, alcanzaba para los gastos básicos. Tres años después de la boda, Carlos se sentía atrapado con los compromisos familiares y el trabajo, las cosas no eran como antes, cada vez eran menos los detalles, Carlos no ayudaba con la casa, el dinero escaseaba, no le daba atención al niño, no tenía tiempo para ella, llegaba tarde a casa y se quejaba de que ella no lo entendía. Entonces empezó a buscar refugio en sus amistades.

Carlos sólo quería montar de nuevo en su motocicleta y seguir conquistando el mundo, y ella se sentía abandonada y se quejaba de la irresponsabilidad de él. Ese amor puro y eterno que se prometieron se disolvió, terminaron por separarse, siendo la principal víctima de todo esto su hijo Pedro.

Matt Ritchey de 30 años *coach* de vida en San Diego dice:

"LOS HOMBRES QUIEREN UN MUNDO SIN COMPROMISO. ¿POR QUÉ CONFORMARSE CUANDO PUEDES TENERLO TODO? EL MUNDO EN QUE VIVIMOS ES TAN ABUNDANTE QUE NO TENEMOS QUE SACRIFICAR UN ÁREA DE NUESTRA VIDA PARA TENER ÉXITO EN OTRA"

TIPS

1.- En esta etapa es difícil encontrar el compromiso a largo plazo, no podemos culparlo, es mejor dejarlo volar y que tenga su experiencia de vida.

2.- Si cambian de trabajo o de profesión varias veces no lo critiques, es parte del encuentro con su verdadera identidad.

3.- Si somos su primera novia, ¡ALERTA! hay una alta probabilidad de que en otra etapa de su vida quiera comparar y sentir cosas nuevas.

4.- Si ya estás en una relación con un hombre en esta etapa, súbete a su motocicleta, disfruta la aventura, lo inesperado, y descubre el mundo a su lado. No tengas muchas expectativas de estabilidad ni compromisos.

2 CAMIONETA

Son los hombres que están entre los 30 y los 45 años. Hay dos tipos de hombres camionetas:

A) LOS PICK-UP

Estos hombres se dedicarán a crear su empresa o a escalar hasta tener el puesto donde se sientan realizados antes de comprometerse con alguna mujer. Están incluidos los hombres que llevan años con la novia calentando sofá y nada que le da el anillo, y aquellos que trabajan mucho y no se han casado. La mayoría lo hacen después de los 35.

Este es el caso de Armando, que después de 11 años de novio con Ana, no le proponía matrimonio. Ella se cansó de esperar y se fue a trabajar a Chile. Durante este tiempo ella tuvo otros novios y él a su vez otras novias. Ana se casó con un compañero de trabajo. Sin embargo, Armando no la podía olvidar. Después de 8 años Ana se había divorciado y regresó a su ciudad. Un día al salir de un partido de beisbol se encontró con su primer amor Armando, él la invitó a comer helado y conversaron por varias horas.

Armando ya estaba muy organizado, tenía varias empresas, propiedades y era económicamente estable. Sin embargo, nunca se había casado porque él guardaba la esperanza de que algún día estaría con Ana. Después de salir por varios meses, se volvieron a enamorar y al año se casaron, la boda fue espectacular y ya tienen un lindo bebé.

TIPS

1.- Hay que tenerles paciencia, ellos no se van a sentir seguros ni protectores hasta que no tengan sus ahorros, su empresa andando o un buen cheque mensual.

2.- Si estás dispuesta a esperarlo, apóyalo en su trabajo ya que esto es lo más importante para él, evita decirle: *"Es que sólo piensas en trabajar"*.

B) CAMIONETA DE LUJO

Estos hombres trabajan en equipo con la mujer; ahorran, investigan negocios, comparten sus cuentas bancarias y adquieren bienes dividiendo las compras entre los dos.

Sofía tenía sólo 25 años y José 32 cuando resolvieron casarse sin tener mucho. Rentaron un departamento muy sencillo, el sueldo era escaso. Entre los dos ahorraron y compraron una pequeña vivienda y así siguieron trabajando y comprando juntos. Después de 6 años de casados ya viven en una gran casa, tienen dos hermosas niñas que van a las mejores escuelas, su vida sigue mejorando y ellos siguen trabajando en equipo.

TIPS

1.- Ten disposición de apoyarlo y contribuir con algunos de los gastos de la casa.

2.- Confía en tu hombre *camioneta de lujo*, cree en él. Esto le dará el valor para trabajar largas horas porque siente tu apoyo.

3.- Siéntete segura de que la situación va a mejorar si comparten sus sueños y unen sus fuerzas.

3 - EL CONVERTIBLE

En nuestra sociedad se le llama "la crisis de la mediana edad". Es un período por el que atraviesan muchos hombres que están entre los 45 y los 55 años. El hombre siente que ha pasado la etapa de su juventud y ya está entrando a la madurez. Es una lucha por encontrar un nuevo significado y propósito para su vida.

En ocasiones, las transiciones que se experimentan en estos años, como el envejecimiento en general, el fallecimiento de los padres o el abandono del hogar por parte de los hijos, pueden por sí solas disparar tal crisis. El resultado puede reflejarse en el deseo de hacer cambios significativos en aspectos clave de la vida diaria, o en situaciones tales como la carrera, el matrimonio o las relaciones románticas. Ésta difícil etapa puede durar de 6 meses a 3 años. Se requiere de mucho valor para cruzar ese túnel. Para muchos hombres es un tiempo de cuestionarse sus prioridades y ajustar su estilo de vida a sus necesidades emocionales propias de esa etapa.

Algunos hombres no lo consideran como etapa de crisis, sino como un periodo de reevaluación. Sin embargo, si ha logrado conseguir en cualquier medida los objetivos tanto profesionales como personales a los que aspiraba de joven, la incidencia de esta crisis será menor.

Respecto al sexo, aumentan los casos de infidelidad, principalmente por el aburrimiento y porque desean sentir de nuevo una necesidad de conquista. Las erecciones tienden a tardar un poco más. Uno de los grandes problemas en esta edad es aceptar que se es demasiado joven para usar *Viagra* y muy viejo para tener una respuesta eréctil instantánea. Si no es capaz de aceptar estos cambios de forma natural, puede reaccionar de dos maneras diferentes: manteniendo una postura apática ante el sexo, o lanzarse en busca de aventuras que le reafirmen su lado más viril.

EN ESTA ETAPA TRATAN DE DESCUBRIR LO QUE REALMENTE ES IMPORTANTE PARA ELLOS Y AQUELLO QUE VALORAN.

De manera muy frecuente, éstos hombres se distancian del mundo para encontrarse con sigo mismos y nosotras lo tomamos personal y pensamos que ya no nos quieren. Los peores errores que las mujeres cometemos con ellos en esta etapa son entrar en pánico, burlarnos de ellos o empujarlos para que tomen decisiones importantes. ¡Cuidado! en esta etapa hay un alto índice de divorcios.

¿CÓMO SABER QUE ESTÁ EN ETAPA CONVERTIBLE?

DEPRESIÓN

Si se siente triste, con pesimismo, con falta de energía, experimenta cambios en el sueño, falta de apetito y cambios en el peso.

LO QUE ERA IMPORTANTE PARA EL, YA NO LO ES

Un caso como el de María. Recibí un correo de ella donde me comentaba con mucha preocupación, que después de 18 años como médico, Andrés su esposo, decidió dejar su carrera para dedicarse a estudiar filosofía. *"Ya no lo reconozco, actúa diferente, creo que ya entró en la crisis de los 40"*.

AVENTURA Y CAMBIO

Busca nuevas experiencias de riesgo o atrevidas como cuando era joven, a fin de evitar la sensación de tiempo perdido o de aburrimiento. De repente quiere practicar algún deporte extremo, cambiar su imagen o hacer grandes inversiones que normalmente no haría. Todo esto simplemente por llamar la atención.

Una amiga me contó de algo que le sucedió con su esposo. De repente le dio por salir a comprarse un carro convertible rojo, luego cambió a un estilo de ropa más juvenil y además empezó a frecuentar los bares con los amigos. Su esposa no entendía qué le estaba pasando, no sabía qué hacer. En un principio pensaba que él andaba con otra. Hasta que entendió que su esposo estaba en la etapa del convertible.

¿SIGO O NO CASADO?

Hay un caso que se repite muy a menudo durante esta etapa. Sucede que te encuentras celebrando tu aniversario veinticinco, veintiocho o treinta y piensas que hasta ahora han tenido un matrimonio feliz. No es poco común que de repente te diga que todos estos años se ha sentido en el infierno y que luego te acuse o insinúe que lo forzaste a casarse muy joven y que por eso él se siente así.

TIPS

1.- No te rías o te burles de él porque está en esta crisis.
2.- Evita sermonearlo y darle consejos.
3.- Ofrécele tu amistad.
4.- Escúchalo sin solucionarle el problema.
5.- Participa con él en sus nuevas actividades, esto lo puede mantener más cerca y seguro de lo que tiene.
6.- No le lleves la contraria ni hagas un conflicto por todo, ya que esto crea una distancia que puede ocasionar que se cuestione si vale la pena seguir o no en esa relación.

4 - SEDÁN

Después de pasar por el convertible, es común que el hombre entre en la etapa del sedán. Éste hombre sabe lo que quiere, disfruta enseñando, es un excelente mentor, buen proveedor, tiene una gran capacidad para dar y si aprecias lo que provee te dará todo lo que él pueda. Ni el tamaño de su castillo ni sus lujos son tan importantes para él como el saber quién es como persona. Estos son los hombres mayores de 50 años que buscan estar con una mujer que comparta su visión y misión de vida. Para ellos el sexo es secundario. Quieren ser reconocidos, alabados y que su pareja se sienta orgullosa de él.

Los cambios que experimentan los hombres a partir de los 50 años son menos significativos que los de las mujeres. Los niveles de testosterona se reducen muy poco, pero sí hay una baja en la producción de semen, de espermatozoides y también del deseo sexual. La preocupación por la salud comienza a ser parte de las prioridades de ellos. La falta de actividad hace que comiencen los "achaques". Por lo tanto, las claves para superar esta etapa se encuentran en la confianza hacia la pareja y la imaginación, así como la creatividad para realizar el acto sexual.

Víctor de 50 años se divorció porque su ex esposa lo hacía sentir que no servía para nada. Lo humillaba y no valoraba lo que él hacía por ella. Al cabo de unos meses, conoció a Margarita en una competencia de caballos. Ellos compartían la pasión por la filantropía y los equinos. Él la trataba como a una reina. Los viajes, joyas y regalos nunca faltaban. *"Con ella sí soy feliz, valora todo lo que hago por ella y me hace sentir como un rey, no como mi ex esposa que nada de lo que yo hacía lo agradecía"* me comentó Víctor.

TIPS

1.- Desea cosas que estén al alcance de él.
2.- No trates de cambiarlo, en esta etapa es casi imposible, y si lo haces conseguirás irritarlo.
3.- Recibe sus regalos con entusiasmo, muchas mujeres de hoy no saben recibir.
4.- La apreciación y admiración es vital para ellos como lo es comer y dormir. Si tú no lo haces, ellos buscarán a otra mujer que sí lo haga. ¿Quién se deslumbra por estos hombres? Las mujeres 10 a 15 años menores que ellos que sí los admiran y los aprecian por su experiencia, conocimiento y muchas veces también por su dinero.
5.- Si eres su pareja o si te relacionas de alguna forma con un hombre *sedán*, exprésale constantemente: *"Tú eres un hombre excelente, te admiro mucho por todo lo que has logrado"*.

PUNTOS CLAVES PARA SER LA MUJER QUE TODOS LOS HOMBRES QUIEREN Y DESEAN

Después de muchos años de estudio y analizar a cientos de hombres, llegué a estos 15 puntos de una forma práctica y divertida, con algunos ejemplos que he encontrado en el camino de este estudio y con recomendaciones que puedes empezar a utilizar inmediatamente para tener una relación exitosa, en armonía y en paz con todos los hombres que están a tu lado.

RECONOCIMIENTO

SEXO

PEDIR

CAZADOR

DINERO

ENFOCADOS

INTERESES

TRANSICIÓN

AL GRANO

CAJA VACÍA

NO INTERRUMPIR

SÚPER HÉROE

GANAR

FEMENINA

SÉ FELIZ

03

LOS 15 PUNTOS CLAVE

1 - ¿POR QUÉ EL RECONOCIMIENTO ES COMO EL OXÍGENO PARA ELLOS?

Este es el punto más importante para un hombre. Lo debes tener presente todo el tiempo. Constantemente los hombres me dicen: *"no importa todo lo que hago por ella, nunca lo valora"*.

Los hombres deben saber que los apreciamos. Necesitan escuchar que los apoyamos, los animamos y que tenemos fe en ellos. Lo necesitan escuchar a menudo. Pero si los críticas no cambiarán y dejarán de complacerte.

Para la mayoría, mantener a sus familias es una de las cosas más importantes y satisfactorias. Casi todos los hombres estarán de acuerdo en que cuando se sienten apoyados, es una alegría para ellos ofrecer, pero cuando se sienten atacados, la mujer se convierte en una carga y una fuente de resentimiento.

Para ellos la apreciación es su mayor fuente de energía personal. Ellos viven de eso, casi todo lo que hacen en la vida es buscar que alguien los reconozca, los alabe o les diga qué bien lo hicieron. Mientras las mujeres buscamos seguridad y protección, los hombres buscan reconocimiento y sin ésto no funcionan.

La autoestima masculina puede ser altamente dañada si sólo te fijas en sus errores y no en sus logros o en aquellos aspectos positivos que aportan a la relación. Y ojo, también pueden percibir las acusaciones como una crítica y falta de confianza en ellos. Greg Reid, el creador del reconocido evento *"Secret Knock"*, en San Diego, California, y autor de varios libros como *"Stickability"* me comentó en una netrevista que le hice:

> "LOS HOMBRES NECESITAMOS SER RESPETADOS Y ADMIRADOS. AL SENTIR ESO TENEMOS LA MOTIVACIÓN PARA HACER MUCHAS COSAS, POR EJEMPLO CUANDO VOY A DAR UNA CONFERENCIA O HACER UNA PRESENTACIÓN, Y MI ESPOSA ALLYN ME DICE 'VAS A HACER UN GRAN CAMBIO EN LA VIDA DE OTRAS PERSONAS'. (AHÍ)...ME LLENO DE ENERGÍA Y DOY LO MEJOR DE MÍ, ESE ES EL COMBUSTIBLE PARA QUE SEAMOS MEJORES"

Por otro lado tenemos el caso de Álvaro, quien era muy galante con su esposa Beatriz. Él me comentaba con una gran tristeza, que muchas veces le llevaba el desayuno a la cama, le ayudaba con la limpieza de la casa, estaba todos los días al pendiente de su hija de 3 años, la cual llevaba a la escuela siempre y que además le gustaba cocinar. Aunque él se esmeraba por ser un buen esposo y padre, Beatriz siempre se estaba quejando: porque no le lavaba bien los platos, porque la niña no quedaba bien peinada, porque no aportaba suficiente dinero a la casa, porque no se vestía bien, en fin. Él sentía que por más cosas que hiciera por ella, Beatriz no iba a ser feliz.

Después de 5 años de intentarlo, Álvaro no aguantó más y con mucha tristeza, -porque amaba a su esposa y a su hija- decidió pedirle el divorcio. Sus palabras fueron: *"Beatriz, yo te amo desde que te conocí y por este gran amor que te tengo deseo verte feliz. Como no aprecias lo que yo hago por ti, me voy de tu vida, para darte la oportunidad de que alguien más te haga feliz".*

TIPS

1.- Valora todo lo que él hace por ti, por más sencillo que sea y díselo

2.- Agradece a tu hombre constantemente por pagar la casa, los servicios, los seguros, etc. No asumas que eso es parte de su trabajo, una palabra de agradecimiento hará una gran diferencia en su vida.

3.- Cuando te invite a cenar y él pague la cuenta, muestra agradecimiento siempre por haberte invitado.

4.- Demuéstrale interés por su trabajo y exprésale que estás orgullosa de lo que hace.

5.- Si practica algún deporte, dile cuando juega bien, no lo critiques ni te rías de él si cometió algún error. Dile que no importa cómo lo haya hecho él es tu campeón.

6.- Invítalo a cenar de vez en cuando como muestra de agradecimiento por todo lo que él hace por ti.

7.- Enfócate en lo positivo más que en lo negativo.

8.- No te quejes de él enfrente de sus amigos ni lo ridiculices.

2 - ¿POR QUÉ NO LES GUSTA EL VENADO EN LA PUERTA?

Los hombres son cazadores por naturaleza, ese es uno de sus deportes favoritos. Eso los mantiene vivos, trabajan muy fuerte por obtener su presa y la recompensa para ellos es su mayor trofeo. Muchos de ellos dedican su vida a perfeccionar este deporte.

Un hombre que quiere cazar algo va tras la presa, sin embargo, entre más difícil el objetivo, hace que lo quiera con más intensidad. Si no tiene éxito en su primer intento, comienza a desearlo aún más, pues ésto captura su interés y excita su imaginación.

¿QUÉ SUCEDERÍA ENTONCES SI EN LUGAR DE QUE ELLOS VAYAN DE CACERÍA, LAS MUJERES SON LAS QUE LES PONEN EL VENADO EN LA PUERTA?

Posiblemente se lo comerán pero no lo van a valorar. Así, es más probable que un hombre se aburra, porque no ha tenido que invertir demasiado de sí mismo, no hay retos. Por ello, la mujer que es demasiado buena o sumisa, se podría comparar por ejemplo al hecho de ponerle demasiada agua a una planta. La ahoga.

Si se quiere que los hombres se desmotiven, que dejen de conquistarlas, de abrirles la puerta del carro y de tratarlas como reinas, sólo hace falta convertirse en su presa fácil, débil o que pueda cazarla y conseguirla tan fácil como abrir el refrigerador.

Cuando una mujer se acuesta con un hombre desde el primer momento, se acaba la cacería, pues ya consiguió a la presa en bandeja de plata. Los hombres admiten que si el sexo es demasiado fácil de obtener, no es tan bueno y, por ello, no consideran la relación como algo serio.

La presa fácil no tiene mucho valor. Si la mujer se le entrega fácilmente, el cazador se sentirá atrapado, porque ella se convierte en una carga en vez de un premio.

Olga mi amiga conoció a un hombre por internet, estaba enloquecida por él y a las 2 semanas ella compró un boleto de avión para visitarlo en Colorado y se llevó sus mejores pijamas. Cuando llegó, él inmediatamente se la llevó al hotel que había escogido, uno que no tenía ni media estrella. ¡Era un roto!. Después de tener sexo varias veces, la invitó a cenar. Olga, muy emocionada, se puso su mejor vestido y se arregló muy bien. Al llegar al lugar, el restaurante era un lugar de comida rápida y para colmo de males, él llevaba cupones. Ella regresó a su ciudad decepcionada.

Al reunirme luego con ella, durante su consulta me dijo *"Todos los hombres son iguales"* Por mi parte le dije: *"¿Será que todos son iguales o que no nos valoramos lo suficiente?, recuerda que los hombres son cazadores por naturaleza y entre más difícil la caza, más valor le dan a su presa. Si actúas como un conejo donde la caza estuvo difícil, te tratarán como a un trofeo. Pero si eres como el conejo que ya encontró en una charola, listo y adobado y servido en su mesa, te pisoteará y pasará sobre ti".*

Esto fue lo que le sucedió a Vicky una estilista a la que visité en su salón antes de dar una gran conferencia en Tijuana. Me preguntó a qué tipo de evento iba a ir, si para una boda o quinceañera y le contesté que iba a dar una conferencia sobre cómo entender a los hombres, sólo para mujeres. Me respondió *"¡Vaya! qué interesante, yo quisiera ir pero tengo que trabajar, posiblemente tú me puedes ayudar".* Yo le vi una gran tristeza en su corazón y le pedí que me contara lo que le estaba sucediendo.

Me dijo: *"No entiendo a los hombres, llevo tres años con mi novio, él no tiene buen trabajo así que empecé a trabajar todos los días en la estética para ayudarlo, le estoy pagando la universidad y le regalé un carro pequeño para que pueda ir a estudiar y a trabajar. Estoy muy cansada, siento que no valora lo que hago y hace tres semanas se fue para Sonora a visitar a su familia. No me llama y me dijeron que lo vieron saliendo con su exnovia. ¿Por qué me hace esto si yo he sido tan buena con él y lo he ayudado tanto?"*

¡Pobre mujer! estaba destrozada, claramente su novio quería sentirse un cazador y se fue a buscar una presa difícil en lugar de sentirse como un cordero que cazaron.

TIPS

1.- No dejes de ser tú misma por convertirte en la sombra de él.
2.- Sigue haciendo lo que te apasiona, ya sea yoga, trotar, pintar, la música o cualquiera de tus hobbies. Si él quiere estar contigo, que también se una a tus actividades o que te dé tu espacio.
3.- No cambies tu personalidad por complacerlo, mejor búscate a alguien que te quiera tal como eres.
4.- No mendigues afecto, entre más lo pidas menos recibirás, a los hombres les gustan los retos no las arrastradas.
5.- Enfócate en saber qué quieres hacer con tu vida, si no sabes tomar decisiones, alguien más las tomará por ti. O tú manejas tu vida o serás el títere de alguien más.

6.- Que no te diga *"sapo"* y ahí mismo brinques. Si te llama en la noche no salgas corriendo en taxi mientras está lloviendo, ni dejes todo lo que estás haciendo por ir a verlo.

7.- Trabaja cada vez más en complacerte a ti misma, en lugar de complacerlo a él.

8.- Evita la monotonía.

9.- Si te pregunta qué quieres comer, no digas *"cualquier cosa"* ¡Ese platillo no lo venden!.

10.- A los hombres les gusta que los pongan en su lugar, si algo no te gusta de él díselo, no te quedes callada. Espera un momento tranquilo y de buena manera le expresas cómo te sentiste cuando él hizo eso o aquello y que esperas que no se repita. No se lo digas en público.

11.- Marca tus límites. Él debe saber que si te trata mal o si te falta al respeto, tú puedes empacar tus cosas y e irte sin mirar atrás.

3 - ¿POR QUÉ NO PUEDEN COMER CHICLE Y CAMINAR?

El hombre sólo puede enfocarse en una sola cosa. Si tenemos claro ésto, podemos comprender que los hombres no nos pueden ignorar y ver la televisión al tiempo, porque para ellos siempre hay un tiempo para cada cosa. Esto se debe a que desde la época de las cavernas, los hombres se dedicaron a cazar los venados para llevarlos a la cueva y, de esta manera, proveer así el sustento de su familia. Lo cual a la larga permitió la conservación y perpetuidad de la humanidad.

Surge entonces la siguiente inquietud: ¿Qué habría pasado entonces si cuando el hombre estaba en su actividad de caza, la hubiera dejado de lado para afeitarse, hablar con otro compañero o para limpiar su arco y flechas? La respuesta es sencilla: se le habría escapado el venado, su familia habría pasado hambre y habrían incluso hasta muerto.

Nuestros hombres llevan en su cabeza todavía el ADN de hace millones de años, esto nos indica que son enfocados en una cosa y no pueden ejecutar varias actividades a la vez. Por ello, cuando ellos van a la tienda por unos calcetines, lo más seguro es que sólo traigan eso. Lo contrario ocurre en las mujeres, porque cuando vamos por la leche terminamos trayendo medio mercado.

Ser enfocados no significa que los hombres son simples o tontos. Ellos pueden hacer cosas maravillosas, edificar estadios, ir a la luna, construir aviones... ¡y lo hacen muy bien...!

Por ejemplo, cuando están en un partido de fútbol, analizan las técnicas, las jugadas y sólo tratan de centrarse en una cosa: ¡ganar el juego!

Aunque tiene sus ventajas el ser enfocado, esto también tiene sus inconvenientes. Para ellos es difícil encontrar las cosas, nosotras, al contrario, logramos escanear rápidamente la habitación y la casa entera.

José estaba desesperado, buscando las llaves del carro y Marta, que había asistido a uno de mis talleres, se levantó calladamente de la mesa y empezó a buscar. Después de unos minutos miró al lado de la cafetera y allí estaban. José le dio un gran beso, la abrazó y salió corriendo a su trabajo con una gran sonrisa.

Sobre este tema, Karla Escobar, presidente de **Mujeres con Mayúscula, Tijuana 2013** me comenta:

> "ES IMPORTANTE ENTENDER POR QUÉ LOS HOMBRES ACTÚAN COMO LO HACEN DESDE LA ÉPOCA DE LAS CAVERNAS. DE SER CAZADORES -TANTO PARA SOBREVIVIR COMO PARA CONQUISTAR A LA ESPOSA- A COMPRENDER QUE LAS MUJERES DEBEMOS SEGUIR SIENDO FEMENINAS, MÁS NO FEMINISTAS Y LOS HOMBRES CABALLEROS MÁS NO MACHISTAS. EL PORQUÉ EL HOMBRE ES Y SEGUIRÁ SIENDO EL PROVEEDOR POR EXCELENCIA, DESDE SU ANATOMÍA HASTA SU ADN Y LA MUJER LA QUE NATURALMENTE DEBE RECIBIR DEL HOMBRE EL FRUTO DE SU ESFUERZO Y ADMINISTRARLO DE FORMA ADECUADA"

TIPS

1.- Discute un tema a la vez. Si comienzas a hablar sobre la hora en que los niños salen de la escuela, luego saltas a la disciplina y seguidamente le hablas de las vacaciones, vas a perderlo y se va a alejar. No porque no le importe, sino porque su concentración está en una cosa a la vez, y usted lo ha inundado con demasiada información.

2.- Si necesitas que él vaya al mercado, entrégale una lista y entre más específica mejor, no te confíes en el sentido común.

3.- No esperes que un hombre te vaya a contar su vida mientras está manejando, él está manejando y punto.

4.- No le des más de una instrucción a la vez. Si necesitas que cuide los niños no le pidas que además te ayude a limpiar la casa.

5.- Tan pronto se despierte, no le digas de una sola vez todas las cosas que quieres que haga en el día.

6.- Si trabajas con hombres y necesitas algo de ellos, espera a que terminen lo que están haciendo para decírselo, dándoles una instrucción a la vez.

4 - ¿POR QUÉ NECESITAN UN TIEMPO DE TRANSICIÓN?

Debido a que los hombres se enfocan en una cosa a la vez, como lo hablamos en el capítulo anterior, después de terminar una actividad, necesitan un espacio de tiempo para realizar otra cosa. Por ejemplo, después de llegar del trabajo, los hombres realizan una transición antes de asumir su papel como esposos o padres, este tiempo lo dedican a leer el correo o el periódico, cambiarse de ropa, etc. Esto es muy importante para las mujeres y deben saberlo porque evita muchas frustraciones al esperar un gran saludo o abrazo, ya que cuando los hombres llegan a casa o a la oficina, muchas veces ni saludan.

Al terminar esta transición, ya estarán preparados para asumir su papel de esposo, padre, hijo, empleado, jefe etc. Es ahí cuando debemos preguntarles cómo les fue durante el día, pedirles ayuda en alguna labor de la casa, o preguntarles por el último reporte del mes.

Sandra, una amiga, siempre tenía problemas con su esposo porque cuando él llegaba del gimnasio le daba una saludo muy frío, se metía a la ducha y sólo hasta después de media hora la buscaba para darle un beso. Pero ya para ese momento ella ya estaba disgustada. Sin embargo, después de entender esta teoría, ahora ella le da el espacio que su pareja requiere y esto ha mejorado muchísimo su relación.

Al preguntarle sobre lo importante que es la transición para los hombres, Arturo mi esposo me comentó lo siguiente:

"Después de un largo día de trabajo, en donde se viven situaciones estresantes con proveedores, clientes, compañeros

de trabajo, llamadas telefónicas y el jefe, muchos hombres emprenden su largo trayecto a su hogar y, al igual que todos los demás, abandonan el lugar en el que buscaron ganarse el pan. Al salir, se enfrentan con un tráfico espantoso, el cual termina, en últimas, por estresarlo más.

Finalmente, al llegar a casa, lo espera su adorada y tierna esposa, quien, después de un largo día con los niños, en donde se vivieron situaciones muy intensas por los gritos de los niños, los regaños, el apuro de ir tarde a la escuela, luego el tener que ir a recogerlos de la misma, llevarlos a clases de natación, karate, fútbol u otro deporte y afrontar el tráfico de regreso a casa, lo primero que hace es reclamarle porque ha llegado tarde y, seguidamente, inundarlo con el resumen de los regaños que debió propinarle a los niños y cómo necesita más de su ayuda para educarlos.

El hombre, abatido, camina lentamente a su habitación para quitarse los zapatos que tanto lo han torturado durante el día, mientras sigue oyendo, más no escuchando, las palabras incesantes de su esposa, con peticiones de actividades que debe realizar tan pronto se cambie de ropa. Asfixiado, el hombre sólo desea unos minutos de paz y tranquilidad, que no llegarán, para poder aterrizar y cambiar el switch de la vida laboral a la vida familiar y así, emprender con nuevos bríos sus encomiendas en casa y con la familia."

De acuerdo con los motivos arriba expuestos, es muy importante que el hombre pueda tener 5 ó 10 minutos de "transición", en los cuales se le respete su espacio y se le permita recargar baterías. Esto lo puede hacer simplemente acostándose, cerrando los ojos y tomando un breve descanso, o bien, viendo unos minutos de una serie en la televisión o leyendo el periódico.

PARECE POCA COSA, PERO SI LA MUJER LE PERMITE AL HOMBRE TENER SU TRANSICIÓN, LA RELACIÓN DE PAREJA SE BENEFICIARÁ EXPONENCIALMENTE Y LA MUJER OBTENDRÁ MUCHO MEJORES RESULTADOS.

TIPS

1.- Regálale ese espacio de transición entre actividades y luego te recibirá con más entusiasmo.

2.- Cuando llegue del trabajo déjalo llegar tranquilo.

3.- No le expongas quejas al llegar.

4.- No le pidas que te ayude en casa inmediatamente.

5.- No te preocupes si no te abraza o saluda muy efusivamente cuando llega, dale su tiempo, su espacio y luego te acercas a él.

5 - ¿QUÉ PASA CUANDO LES PREGUNTAS QUÉ HACES O QUÉ PIENSAS Y TE RESPONDEN "NADA"?

Pocas cosas desesperan más a una mujer que ver a un hombre en estado vegetativo, con el control remoto en la mano, frente al televisor, sin detenerse en nada, esto simplemente no lo entendemos. Intrigadas, sólo observamos cómo su mente está alojada en algún rincón vacio.

LOS HOMBRES PUEDEN APAGAR SU ACTIVIDAD CEREBRAL UN 70% MIENTRAS QUE LAS MUJERES SÓLO UN 10%.

Vamos a ponerlo así. El cerebro de los hombres está organizado en pequeñas cajas y tienen una caja para todo, una para el trabajo, una para el carro, otra para la casa, para los hijos, para la mujer, para el dinero y tienen una caja que muy pocas mujeres conocen, esta caja no contiene nada y se llama la **caja negra**.

De todas las cajas que un hombre tiene en su cerebro, ésta es su favorita porque sirve para pensar en nada. Es por esto que los hombres pueden pasar muchas horas de pesca, viendo extensos partidos de futbol, estar sentados en la televisión por largo rato o, simplemente, no hacer nada. Es a ésta caja que los hombres van cuando quieren desconectarse.

La regla general que priva entre estas cajas es que cada una de ella no se toca con la otra, de esta manera, una vez que se usa ese pensamiento se cierra la caja y se abre otra. Cuando un hombre habla de un tema en particular su cerebro abre esa caja, discute sólo lo que está en esa caja, luego la cierra con mucho cuidado para no tocar otra caja.

Nosotras por el contrario, ¡colapsamos todo! Nuestro cerebro está hecho de una bola de cables y todo está conectado con todo, tenemos ese don de entrelazar todos esos cables. El dinero está conectado con el carro, el carro con los hijos, los hijos con el trabajo, el trabajo con el marido y todo esto está guiado por una energía llamada **emociones**.

Nosotras no paramos, nuestro alrededor nos habla. Esta es una de las razones por las cuales las mujeres tenemos la tendencia a recordarlo todo. En un minuto podemos estar pensando en aquello que debemos arreglar en casa, lo que vamos a hacer de comida, los preparativos de la reunión del trabajo, cómo ayudar con el problema de familia y todo eso ocurre mientras realizamos otra actividad.

En una ocasión, mientras iba manejando para el parque con mi hijo lo pude comprobar. Tenía a mi hijo llorando atrás y le busqué una barra de granola, paralelamente estaba escuchando a un orador por YouTube y repetía mi discurso, preparándome para mi clase de oratoria en *Toastmasters*. ¡Tenía 4 cables cruzados!

Además, el pasado fin de semana cuando veníamos de camping y de celebrar el día del padre con las familias de la escuela de mi hijo, yo estaba conduciendo el carro y le hablaba a Arturo sobre evento, del paisaje, de lo que teníamos que hacer al llegar a casa, de lo bueno que la pasamos... cuando, a los 30 minutos, me dice: *"¿Me puedes regalar unos minutos de silencio?"*. Acto seguido le pregunté: *"¿Que vas a hacer?"* y me responde *"Nada"*. Yo pensaba que iba a hacer una llamada, pero sólo quería entrar en su caja negra, estaba cansado ¡y no quería pensar!

TIPS

1.- No le preguntes: ¿Qué estás pensando? o ¿Qué sientes? Porque la respuesta será algo que te va a perturbar: "Nada".

2.- Si está de mal genio o frustrado, espera un tiempo y habla con él en la noche o al día siguiente, cuando ya esté calmado.

3.- No lo critiques ni le digas que es un vago (si es que tuvo un día difícil).

4.- Si sabes que está en su caja negra no le digas: *"tu tirado sin hacer nada, mientras yo aquí lavando, haciendo tareas con los niños, cocinando, bla, bla, bla"*; mejor exprésale que entiendes su estado y que deseas saber cuánto tiempo necesita para sentirse mejor.

6 - ¿POR QUÉ MUCHOS DE ELLOS NO SE CASARÍAN CON LA MUJER MARAVILLA?

Los hombres quieren ser nuestro súper héroe para rescatarnos, ayudarnos y cuidarnos. Sin embargo, las mujeres, por lo general, no les permitimos a nuestros hombres ser ese tipo de súper héroe y terminamos por convertirnos en su *kryptonita* para debilitarlos.

Estamos tan ocupadas y nos sentimos tan poderosas, que pensamos que lo podemos hacer todo por nosotras mismas. Los hombres quieren ayudarnos, ellos quieren mejorar nuestra vida y quieren estar con una mujer que les permita ser su héroe. Por esto, los hombres quieren sentirse necesitados. De ahí que a Superman no le guste la Mujer Maravilla.

Muchos tienden al machismo y se sienten incómodos cuando la mujer gana más que ellos, o cuando ella paga la cuenta, porque ellos llevan el papel de protectores y proveedores grabado en su cerebro y no les gusta pasar por inútiles o ser una carga para una mujer.

Los hombres quieren ser "varoniles". Hazlo sentir grande y fuerte, porque a ellos les encanta ser el *"caballero de radiante armadura"*. Tú debes pretender ser débil, él es el fuerte. Aunque no tienes que ser realmente débil, pero si le permites que él sienta que te cuida y te protege, lo harás feliz.

De allí que cuando los hombres están sin trabajo o no tienen la forma de ser el súper héroe de alguna mujer, se vuelven irritables e incomprendidos, porque se sienten realmente perdidos en su papel masculino.

Una vez un amigo se ofreció ayudar a una mujer a llevarle las bolsas del mercado a su carro, la respuesta de ella fue: *"¿Usted cree que no tengo manos o que no puedo cargarlas?"* Al escuchar esto mi amigo quedó frustrado y seguramente lo va a pensar dos veces antes de ofrecerle de nuevo ayuda a una mujer.

Durante el desayuno, Sofía le dijo a su esposo: *"necesito un hombre fuerte y musculoso que me abra este frasco de mermelada, ¿será que me puedes ayudar?"* Su esposo se levantó de inmediato y corrió a ayudarla, iba con los hombros atrás como un pavo real, por que se sintió fuerte e importante para ella.

En la oficina, Blanca necesitaba mover una caja de documentos, aunque ésta no era muy pesada. Sin embargo, decidió pedirle ayuda al vigilante del edificio, este hombre feliz dejó lo que estaba haciendo para ayudarla. Parecía estar caminando por las nubes, fue porque se sintió útil y valorado.

TIPS

1.- Empieza gradualmente. Si siempre hacías todo y no le permitías al hombre hacer nada para que no te viera débil, no le vayas a pedir mañana que te haga todo, porque él es tu héroe. Empieza paso a paso, de lo contrario pensará que te volviste loca o que entraste a alguna secta extraña.

3.- Entrégale un proyecto sencillo y cuando lo termine alábalo.

4.- Pídele su opinión o consejo cuando necesites hacer algo, aunque ya tengas la respuesta y agradécele su ayuda.

5.- Dile que te arregle algo (si no lo hace perfecto, no lo critiques, sólo agradece).

6.- Utiliza la palabra "héroe" cuando te ayude o te rescate de alguna situación. Por ejemplo: Si tu carro necesita una cambio de aceite, pídele amablemente que te ayude a cambiarlo, y cuando él llegue exprésale que fuiste su héroe y que realmente necesitabas su ayuda"

7.- Puedes ser autosuficiente, pero acepta y permítele a los hombres que te ayuden.

7 - ¿CÓMO SER FEMENINA SIN SER SUMISA?

El hombre extraña a las mujeres femeninas y delicadas. Entre más masculinas seamos, el hombre será más pasivo. De esta manera, si deseamos en verdad un hombre masculino y protector, debemos ser más femeninas. Por naturaleza, el hombre es visual, por esta razón debemos mantenernos bonitas y arregladas, no como un espanto cuando ellos llegan a casa, o cuando vamos a salir a su lado. Por ejemplo, mi padre es feliz cuando mi madre llega del salón de belleza luciendo un lindo peinado y sus uñas recién arregladas.

DÉJATE QUERER Y AYUDAR, AUNQUE PUEDAS LLEVAR LAS BOLSAS DEL MERCADO, ARRASTRAR LAS MALETAS, CERRAR LA PUERTA DEL CARRO O CORRER TU SILLA EN EL RESTAURANTE, SI UN HOMBRE TE OFRECE SU AYUDA, ACÉPTALA CON UNA AMABLE SONRISA. ESTO TE HARÁ SENTIR MÁS FEMENINA Y LE DARÁS LA OPORTUNIDAD A ELLOS DE EJERCER SU ROL MASCULINO.

Conocí a una mujer de 29 años que no se maquillaba, ni se arreglaba, se vestía como un hombre y hablaba muy fuerte. Un día, estábamos en una reunión con unos amigos y me dice: *"Estoy cansada de estar sola, deseo tener una pareja y formar una familia, no entiendo por qué los hombres que me atraen, casi siempre se quedan con mis amigas y no me miran con ojos para una relación, sino para ser su amiga y consejera"*

David Corbin, uno de los grandes motivadores y escritores de Estados Unidos me comenta al respecto de este tema: *"Al igual que muchos o la mayoría, me gustan las mujeres bonitas. Sin embargo, lo que es atractivo para mí hoy, es muy diferente a cuando yo era más joven. Hoy en día, las cualidades* que busco están basadas en el conocimiento de sí misma y autoestima. *La autoestima alta, se correlaciona con la honestidad (con uno mismo y otros), la autenticidad y la capacidad de cuidarse y de cuidar al otro. Personalmente, prefiero tener una relación de amistad, romántica o de negocios, con una mujer comprometida y personalmente responsable, es decir, con inteligencia emocional. Ciertamente, aprecio una mujer que cuida muy bien de sí misma con el ejercicio y la nutrición. Eso es muy importante para mí.*

Pero lo que me gustaría decirles a las mujeres es que la belleza, no es lo que promueven en la televisión y los medios impresos. Belleza, para mí, es una mujer congruente con sus valores, su misión y su integridad. No hay nada más hermoso que una mujer segura de sí misma y que se siente cómoda de expresar sus auténticas cualidades femeninas".

TIPS

1.- Toma un tiempo de transición para cambiar de una actividad masculina, como es trabajar, para retomar el rol femenino.
2.- Toma un baño de burbujas.
3.- Antes de llegar a casa, para en una librería y lee un artículo de una revista de mujeres.
4.- Ve al gimnasio y pon a mover tu cuerpo.
5.- Pide una cita en un spa.
6.- Hazte un manicure.
7.- Llama a una amiga antes de llegar.
8.- Cuando llegues a casa, cámbiate de ropa inmediatamente y colócate ropa más femenina.
9.- Evita hablar del trabajo tan pronto llegues.
10.- Cómprate vestidos y faldas que te hagan sentir toda una mujer.

8 - ¿POR QUÉ ES TAN IMPORTANTE QUE SEAS FELIZ Y NO UNA AMARGADA?

Nuestra habilidad de ser feliz y demostrarlo es clave para tener una buena relación con todos los hombres. No hay nada que los incomode más que una mujer quejándose de todo, o que dé la impresión de ser una amargada.

Tal como lo dijo mi mentor de *Toastmasters* Christoph Kubitza en una de las conferencias que dicté en México, cuando él fue panelista:

> "LA SONRISA ES UNO DE LOS MAYORES ATRIBUTOS QUE ATRAE A UN HOMBRE DE UNA MUJER, ESO FUE LO QUE ME ENAMORÓ DE LA QUE HOY ES MI ESPOSA".

Ser feliz no es una tarea complicada. A veces, la peor enemiga de una mujer es ella misma, especialmente cuando adquiere costumbres nocivas y negativas. Tener buen sentido del humor no sólo atrae a los hombres, sino a todas las personas que te rodean, y lo mejor es que esto es una cura medicinal, pues entre más ríes más generas dopamina en tu cuerpo, la cual es la encargada de fortalecer tu sistema inmunológico.

Además, la risa relaja la musculatura y mejora la circulación sanguínea en las arterias coronarias, dilata los vasos sanguíneos para ayudar a reducir la presión arterial y fortalece el corazón. También alivia los síntomas de depresión y ansiedad porque fortalece y estimula los estados de ánimo positivos. La risa regula y modula los niveles de serotonina, endorfinas y oxitocina, entre otros, haciendo que la experiencia de reír plenamente aporte al cuerpo relajación, ternura, confianza, motivación, placer y felicidad.

Hace unos años cuando estaba estudiando mi carrera de Ingeniería de Producción en Colombia, me encontraba sentada en la cafetería, disfrutando de un delicioso café colombiano, cuando se me acercó una compañera que se mantenía sola, ella era muy negativa y de todo se quejaba. Me preguntó, después de conversar un rato: *"Clara, ¿cómo haces para tener siempre novio y tener tantos amigos hombres, si tienes la cara tan barrosa (acné)?"*

Yo por mi parte me reí y le respondí: *"Porque mi seguridad no está basada en mi físico sino en mi personalidad, en mi sentido del humor y en la forma positiva con la que veo la vida. Yo trato de gozar cada día al máximo, disfrutar de las cosas sencillas y de todos mis logros, por más pequeños que sean, yo pienso que eso es lo que los atrae".*

Cuando le pregunte a Lane Ethridge (autor reconocido en Estados Unidos, orador, entrenador y personalidad de la radio), sobre este tema, me comentó: *"La actitud positiva y una autoestima alta, no sólo te hacen más atractiva, sino que te hacen más ganable y valiosa. No hay nada más sexy y más excitante que una mujer que juega todo por algo que ella cree, que tiene compromiso con un propósito, una causa, una carrera o cualquier cosa que conduce a un futuro más relevante. Cuando un hombre ve a una mujer que va tras lo que quiere, con todo lo que tiene, debe ser elogiada."*

Ana me pregunta, después de una conferencia, *"Clara ¿cómo puedo aumentar mi autoestima?"* Yo, por mi parte, le respondí: *"La autoestima es la opinión que tenemos de nosotras mismas así que amar lo esencial de uno mismo, es el pri-*

mer paso hacia cualquier tipo de crecimiento, enamórate de ti, fortalece el autorrespeto y date la oportunidad de ser feliz. No le puedes abrir las puertas al amor de los que te rodean si te desprecias o no te aceptas o si te avergüenzas de existir. Empieza por hacer una lista de todas tus cualidades, talentos y logros y léela todos los días cuando te levantes".

TIPS

1.- Sonríe más.

2.- Disfruta con las cosas simples de la vida.

3.- Exprésale a tu hombre que eres feliz a su lado constantemente.

4.- Encuentra alguna pasión o *hobby* en tu vida.

5.- Ayuda a alguien o a una organización.

6.- Sé útil, no una decoración más de tu casa.

7.- Haz una lista de las cosas o personas que te hacen feliz.

8.- Escribe todos los días, antes de levantarte 5 razones por las que estás agradecida con la vida.

9.- Busca un trabajo que te haga feliz.

10.- Aprende a decir NO. Las mujeres tendemos a decir sí a todo y a todos, para quedar bien, para sentirnos las heroínas o por miedo al rechazo, aunque eso implique sacrificios de tiempo, salud y dinero de nuestra parte. Por ello hay que aprender a decir no, con elegancia y seguridad, *"yo creo que no voy a poder..."*.

11.- Elimina tus amistades tóxicas. Se deben eliminar los malos amigos de nuestras vidas cuanto antes. Esas personas se convierten en vampiros que nos chupan nuestra energía y nuestra felicidad. De lo contrario, sólo lograremos que nos humillen o pongan en negativo todo nuestro alrededor. ¡Cuidado!, la negatividad es contagiosa.

9 - ¿POR QUÉ SIEMPRE QUIERE GANAR Y QUE NO SEAS SU MAMÁ?

Todo hombre necesita sentirse ganador, tampoco lo regañes como si fueras su mamá si no hace las cosas como tú querías. ¿Has escuchado alguna vez a mujeres diciéndole a su pareja con un tono de enfado *"¿Cuántas veces te he dicho que así no se tiende una cama, o se arregla una cocina, etc?"* con esto no solo logras enfadarlo sino que no te quiera volver a ayudar en nada. No le pidas algo que de antemano sabes que no te puede dar. En este sentido, si mi esposo no es el más experto en arreglar las cosas de la casa, pero a mí me fascina, y no quiero hacerlo sentir mal, mejor no le pido que arregle el sistema eléctrico que se dañó. Por el contrario, le pido ayuda cuando necesito que me ayude con un cálculo matemático en Excel y, por más complicado que sea, él lo hace en poco tiempo y perfecto. De esta forma, él se siente feliz, yo lo alabo bastante y los dos quedamos satisfechos.

Si el hombre que tienes a tu lado no es un experto con las finanzas, no le pidas que lo haga. Si él es mejor en la cocina, mejor te dedicas a las finanzas o contratas a alguien que lo haga y esperas de él un delicioso desayuno. En síntesis, explota sus fortalezas, dale oportunidad para que se sienta ganador, esto es muy importante para los hombres.

Cuando quieras que él haga algo, no se lo pidas como una orden, mejor dile *"Cariño, me haría muy feliz si llevas mi carro al mecánico"*, una vez lo haga, debes agradecérselo de forma notoria.

No trates de ser perfecta, él debe sentir que te puede completar. A ellos no los atrae la mujer 100% autosuficiente, que proyecta la imagen que todo lo sabe, que todo lo puede y que no necesita de un hombre.

Este es el caso de Sandra, una exitosa asesora de seguros de California, divorciada dos veces, que se siente sola y que desea tener una relación seria antes de que su hija se vaya a estudiar al exterior. Durante los últimos meses, ha salido con varios hombres que ha conocido a través de una página de internet. Uno de ellos llegó en avión privado, otro la recogió en un lujoso yate, además ha conocido a hombres maravillosos pero, después de una o dos salidas, no la vuelven a llamar. ¿Qué pasa? ¿Qué imagen está proyectando?

Después de hablar un rato con ella, llegué a la conclusión que la imagen que ella proyecta es la de una mujer exitosa, dueña de muchas propiedades y que tiene la vida resuelta, tanto económica como sentimentalmente. Esto lógicamente es percibido por los hombres, quienes al final sienten que ella no necesita de su compañía, ni de su protección, ni de sus capacidades o de su dinero. Es por ello que salen corriendo, porque sienten que a su lado no se van a sentir ganadores.

TIPS

1.- Pídele favores en las áreas que él tiene conocimiento y si lo hace mal, no le reclames, ni lo regañes como si fuera un niño; si lo regañas jamás te va a ayudar en eso que le pediste. Por ejemplo: si le pides que te cuelgue un cuadro y éste le queda torcido, no le digas que quedó mal puesto de inmediato, espera y luego lo arreglas. Sin embargo, es importante agradecerle muchísimo porque puso el cuadro por ti.
2.- ¿Te gusta recibir regalos? Crea un archivo con las cosas que te gustan, con diferentes presupuestos para que él pue-

da escoger, de esta manera no sentirá el riesgo a equivocarse. También puedes darle pistas, por ejemplo: *"Yo sería feliz con un viaje sorpresa al Caribe, con un nuevo reloj, o con un romántico picnic".*

3.- No esperes que recuerden fechas que toda mujer normal recordaría, por ejemplo, el aniversario, la primera vez que lo hicieron o donde fue el primer beso. Muchos no se acuerdan de nada de eso. Su mente no está diseñada para recordar fechas especiales.

4.- Decirle, *"me encanta cuando tu escoges el restaurante o el viaje",* cuando quieras que él tome la decisión. Eso sí, no te quejes si no te gusta.

5.- Haz una lista de sus fortalezas y debilidades, de esta forma podrás tener en cuenta en qué áreas él es una ganador y en qué otras no. De esta manera, siempre tendrás un feliz ganador a tu lado, si lo sabes reconocer y valorar.

6.- No te creas la Mujer Maravilla, aun si sabes hacer de todo, relájate y permítele que te ayude en lo que más pueda. Aprende a ser la reina.

7.- *"Los Hombres las prefieren brutas",* como dice el libro de Isabela Santo Domingo. Sorpréndete cuando ellos logren algo, aún cuando tú ya lo sepas hacer.

10 - ¿POR QUÉ NO LO DEBES INTERRUMPIR? TRÁGATE LA LENGUA

Al contrario de nosotras las mujeres, que nos interrumpimos constantemente, cambiamos de tema todo el tiempo y no hay problema, para los hombres éste es un pecado mortal. Por lo general, es difícil sacarle palabras a los hombres para que nos expresen algún sentimiento, problema o para que nos cuenten quién fue a la fiesta y cómo estaban vestidos. Es solo cuando ya están inspirados que ellos comienzan a hablar. Es justo en ese momento que nosotras, de tanto esperar, terminamos por decirles: *"Apúrate que ya nos van a cerrar la tienda..."* o *"Cuéntame más de prisa..."*, o simplemente les cambiamos de tema. En síntesis, esto terminará convertido en un desastre y el hombre tardará muchísimo para que vuelva a tomar la decisión de contarnos una vez más, lo que tanto deseábamos escuchar.

¿QUÉ DEBEMOS HACER?

Escucharlo, y antes de interrumpirlo, contar hasta 10. ¡Aguántate!. Después de varias encuestas que hice a hombres, éstos me preguntaban por qué si las mujeres tenían tanto deseo de saber algo de ellos, por qué los interrumpíamos. Yo trataba de explicarles que para nosotras eso era algo normal y que, al final, no nos molestaba tanto.

Ellos, por su parte nos recomendaron que si añorábamos tanto saber de sus sentimientos y de lo que piensan, deberíamos tener más paciencia y sacar un tiempo para escucharlos. En este sentido si él empieza a hablar de cosas que disfruta y tú no tienes la menor idea de lo que habla o simplemente no te importa, intenta escucharlo.

Los hombres no quieren expresar sus sentimientos y contar sus problemas simplemente porque sí, o porque quieran desahogarse, ellos prefieren estar pensativos y superar el problema solos o, cuando mucho, contándolo a algún amigo muy especial. Por esta razón si nosotras los escuchamos sin interrumpirlos o criticarlos, ellos se desahogarán con nosotras y abrirán su corazón.

Hace unos meses, John y Marta, que llevaban más de 4 años de novios, estaban de vacaciones. Mientras manejaban de Miami a Orlando, se generó una excelente oportunidad de conocer los planes futuros de John. Marta comenzó preguntándole dónde se veía él viviendo en 5 años y qué le gustaría estar haciendo. (Ella quería averiguar si estaba en los planes futuros de él). Sin embargo, él le contestaba con rodeos y no concretaba las respuestas. Adicionalmente John le hablaba del clima, de las lindas playas que veían, de qué iban a comer cuando llegaran. Ella seguía insistiendo en las preguntas.

Cuando finalmente se armó de valor y decidió hablarle del tema a Marta, justo en ese momento a ella le entró una llamada de su mejor amiga, la recibió y cuando habían pasado 5 minutos en el teléfono, ya él se había encerrado en sí mismo y no quiso seguir con el tema. Incluso se sentía presionado por ella e irrespetado por haberlo interrumpido.

TIPS

1.- Escúchalo con atención, míralo a los ojos y no hagas otra actividad como cocinar o leer una revista cuando te esté hablando. Recuerda que es difícil que se exprese.

2.- Antes de interrumpirlo cuenta hasta diez.

3.- Dedica tiempo para escucharlo, si estás ocupada en ese momento dile que te puede hablar de ello en unos minutos, cuando ya le puedas poner 100% de atención.

4.- Disfruta de lo que te está contando, no lo critiques.

5.- Si ya te ha contado lo mismo 20 veces, aguanta una vez más y más tarde le dices que ya habías disfrutado de esa experiencia o historia.

6.- Dile que para ti es muy importante saber lo que él piensa y conocer su opinión.

11 - ¿QUÉ PASA SI LE HABLAS CON RODEOS?

No les des tantas explicaciones, ellos no necesitan tantos detalles como nosotras. Sus mentes son simples, algo limitadas, sólo ven objetivos, metas y resultados.

En la última encuesta que realicé a 500 hombres, una de las preguntas formuladas era: "**¿Qué te gustaría que tu mujer hiciera más?**" Ante esta pregunta el 57% de los encuestados respondió: "*Que sea específica cuando quiere algo y que no asuma que yo lo sé*".

Esta respuesta quizás se debe a que los hombres por lo general mantienen su mente ocupada pensando en sexo, trabajo o en algún problema que tienen que resolver y no comprenden bien los mensajes en clave. Por ello, si quieres algo, pídeselo, no les des indirectas, ellos no las descifran.

Por ejemplo: si dices, "*¡Esa basura está que la levantan las moscas!*". Ellos no comprenden que tú quieres que saque la basura. Los hombres se pierden en los detalles y terminan por abrumarlos.

A mi me sucede que cuando le cuento a Arturo una historia que le sucedió a una de mis amigas, la cual incluye toda la descripción del caso, al final me pregunta, "*¿Entonces...?*" Con esta pregunta él está buscando una conclusión lógica, mientras yo sólo quiero contarle una anécdota sin mucha trascendencia. En síntesis: mejor dejemos las historias para las amigas.

A la hora de discutir, ellos son prácticos y van al problema que lo gestó, tratando de encontrar una salida. Nosotras por el contrario, somos más de procesos y más complicadas.

Por eso, cuando ellos necesitan un par de zapatos, van a la tienda, se miden uno o dos pares y listo. No son de probarse muchos zapatos, modelos, colores y tampoco regatean mucho el precio, ni necesitan una bolsa que le quede a ese color. La respuesta es sencilla: van por la solución al problema, se le acabaron los zapatos y necesita reemplazarlos. Punto.

En una de las conferencias que di en México, a Carlos -uno de los panelistas que asistieron- le hicieron una pregunta: *"¿Por qué tenemos que ser tan específicas en pedirles las cosas que necesitamos? ¿Por qué no las ven o las intuyen?"* Y la respuesta de Carlos fue la siguiente:

> "MUCHAS VECES USTEDES NO SABEN LO QUE QUIEREN O NECESITAN Y PARA NOSOTROS ES DIFÍCIL ADIVINARLO, TRATAMOS DE HACERLO PERO MUCHAS VECES NO ACERTAMOS. NOS HARÍAN LA VIDA MÁS FÁCIL SI NOS DICEN DIRECTAMENTE QUÉ PODEMOS HACER POR USTEDES EN LUGAR DE HABLAR CON RODEOS".

TIPS

1.- Cuando necesites hablar con tu pareja, dile todo lo que necesitas en menos de tres oraciones, para que lo comprenda bien. No te vayas por las ramas, como por ejemplo decir: *"Esa toalla mojada que dejaste encima de la cama, ya le están saliendo hongos y está pidiendo a gritos que la laven"*. En lugar de eso dile: *"Te agradecería mucho si cuando sales del baño y te seques, cuelgues la toalla para que nuestra cama no huela mal"*.
2.- Sé concreta. Las insinuaciones no las entienden e incluso les molestan.

3.- Si tienes un problema y no requiere que él solucione algo, díselo desde el principio y explícale que sólo quieres que te escuche.

4.- No lo tengas todo un día de compras, buscando y escogiendo ropa o cosas para la casa. Su capacidad y su paciencia se agotan pronto. Ellos no se quieren recorrer todo el centro comercial dos o tres veces para comparar todos los precios de los almacenes y al final, comprar lo primero que vieron o no comprar nada.

5.- Si quieres compartir con él una larga historia, resúmela en cinco puntos y así te escuchará más.

12 - ¿QUÉ TAN IMPORTANTES SON SUS JUGUETES?

No esperes que ellos dejen sus juguetes como el Xbox, su partido de fútbol o la última película de Star Trek. Ellos nunca, nunca crecerán.

También aman el fútbol, el golf, el básquet, el vóley, las motos, los carros y cualquier deporte o actividad que los ponga a competir entre ellos. Son los rezagos del primate que vive en cada macho y compiten para ver quién es el mejor y más fuerte de la tribu. Respetarles esos intereses es muy importante para ellos, así es como se sienten amados y comprendidos.

¿Por qué las mujeres atacamos los intereses de ellos? Quizás por celos, porque sentimos que gastan ese dinero sin necesidad o porque nos quitan tiempo de estar con ellos.

Al esposo de mi amiga Carmen le encantan las motocicletas y cada vez que él iba a montar, ella se ponía furiosa, le hablaba mal y se ponía muy molesta con él. Algunas veces deseó echarle arena por el ducto de la gasolina. De igual manera, atacaba y hablaba mal de los amigos que salían con él.

Luego de asistir a una de mis conferencias, Carmen salió decidida a comprarse su traje de cuero y sus botas y así lo hizo. Una tarde le dijo a su marido que ya estaba lista para salir con él a dar una vuelta. Su esposo casi se desmaya al verla con todo su atuendo de cuero. Luego de una tarde de aventura y adrenalina en dos ruedas, él estaba feliz, se sentía realizado al lado de su mujer. Finalmente, al llegar a casa, tuvieron el mejor sexo de los últimos años.

Aníbal, el esposo de Vilma, llevaba más de 15 años coleccionando las revistas de *Mecánica Popular*, ella estaba cansada de todo el espacio que ocupaban estas revistas y del polvo que acumulaban en las cajas. Después de leer mi libro electrónico me envió un correo contándome: *"Clara, mi esposo salió de viaje por unos días, contraté un carpintero para que realizara unas repisas en el garaje, cuando llegó y vio todas sus revistas organizadas por fechas, en unas lindas repisas, me cargó, me llenó de besos y me convertí en su reina inmediatamente, como cuando éramos novios, jamás me imaginé lo importante que eran esas revistas para él hasta que lo leí en tu libro, mi relación está espectacular, gracias"*

TIPS

1.- El fútbol, el golf o cualquier otro deporte, son algunas de las mayores razones de los conflictos, porque tú quieres salir y él prefiere ver el partido con sus amigos. Lo mejor para no caer en contrariedades, es acomodar todo en una balanza, aprovecha ese tiempo en hacer actividades que te gusten, de esta forma, ambos disfrutarán de sus hobbies en solitario, y además gozarán de su libertad por un momento. Dedica también unos minutos para estar con él y disfrutar del partido.
1.- No ataques lo que a él más le gusta.
2.- Si él colecciona algo, no se lo tires a la basura diciéndole que ya está muy grande y viejo para seguir guardando esas cosas. Al contrario, organízale de sorpresa una repisa para que el pueda disfrutar mejor de su pasatiempo.
3.- Ponte de acuerdo con él sobre el tiempo que consideres que debería dedicar a su pasatiempo favorito.
4.- Si su pasatiempo son los videojuegos o el celular, le puedes decir que mientras estás a su lado, o cuando están comiendo, etc. tú quieres disfrutar de su compañía y que te haría muy feliz si lo apaga.

13 - EL QUE TIENE EL DINERO PONE LAS REGLAS

Muchos hombres admiran y respetan a aquellas mujeres que tienen cierta independencia financiera, aunque ellos sean súper exitosos. En muchas situaciones el que tiene el dinero pone las reglas, por esto cada mujer debe tener sus ingresos y sus ahorros. De esta forma no podrá humillarte, ni maltratarte, porque sabe que tu vida no depende de un hombre. Si él paga todas las cuentas del castillo, él será, en últimas, quien dé las órdenes. Cuando tú trabajas, aunque sea pocas horas, tu autoestima aumenta, te sientes más libre de tomar decisiones y puedes ahorrar. Así no tendrás que aguantar o ceder a muchas situaciones que no quieres, simplemente porque no tienes a donde ir ni dinero para mantenerte.

Generalmente, cada semana me encuentro con mujeres que dicen que desean recuperar su autoestima y su independencia económica. Muchas se han dedicado a la maternidad y se olvidan de ellas. Una vez que los hijos crecen un poco, ya no saben qué hacer con su vida.

Esto le sucedió a Marta. Después de ser madre tiempo completo por 6 años, su esposo constantemente le hacía indirectas para que consiguiera trabajo. Después de tanto insistir, Marta obtuvo un trabajo en una oficina de abogados. Ahora ella se siente más segura de sí misma, es feliz de no tener que pedir dinero para todo a su esposo y, lo mejor, es que él la ve con más admiración y respeto.

Los hombres normalmente se cansan de que, al llegar a casa, la mujer sólo les hable de los hijos, de la empleada o de cosas triviales. Ellos necesitan sentir apoyo de su compañera en el ámbito intelectual y algunas veces económico.

¿Y QUÉ HACEMOS CON LOS HOMBRES FM (FELIZMENTE MANTENIDOS)?

Por otro lado, hay una situación particular y es que cada vez más frecuente. Mujeres exitosas se acercan a mí con el problema que sus hombres son muy tranquilos, no se motivan a trabajar y aportan muy poco económicamente a la casa porque ellas ganan muy bien. Es un hecho que muchas deseamos que nuestro macho sea el proveedor principal y no nosotras. Porque además queremos sentirnos protegidas, seguras y confiadas de que trabajamos porque queremos, no porque si no producimos dinero, nuestro estándar de vida se pudiera ir a pique.

Este sentimiento es un elemento recurrente y lo tenemos desde la época de las cavernas, cuando los hombres salían a cazar y a traer la comida a la cueva. Las mujeres admiraban la valentía de sus hombres, agradecían por la comida que les traían y se sentían seguras a su lado.

Después de preguntarle a varios hombres sobre por qué sucede esto, ellos me comentaron que es porque las mujeres los convertimos en eso.

Ese es el caso de Pablo quien me comentó: *"Mi esposa me invita a cenar constantemente, paga la mayoría de los viajes, me compra lujosos juguetes como electrónicos, televisores, tabletas y empecé a disfrutar esta situación. Cada vez voy menos a la oficina, mejor paso más tiempo con mis dos hijas y les ayudo con las tareas de la escuela porque mi esposa trabaja hasta tarde o está en reuniones"*

Entre más trabajemos y más ganemos, la mayoría de ellos se relajarán más y se convertirán así en hombres FM (felizmente mantenidos)".

Sonia pasa largas horas trabajando como doctora en una clínica, a una hora de la ciudad. Gana muy bien, pero termina agotada y no tiene tiempo para disfrutar con sus dos hijos. Una noche, cuando llegó a casa, encontró a su esposo Juan muy relajado con sus amigos, jugando video juegos y comiendo pizza, mientras los niños dormían. Sonia lo llamó, se lo llevó a una habitación y le dijo en un tono serio: *"Deberías estar buscando un trabajo que te pague más, en lugar de perder el tiempo. Ya estoy cansada de trabajar tanto, quiero tener más tiempo para mí y mi familia"* A esto él respondió: *"hago lo que puedo, la economía está muy mala y no están contratando ahora"*.

Sonia por su parte, no sabe qué hacer, le acaban de ofrecer una mejor posición y un gran salario, pero siente que entre más dinero gane, Juan le ayudará mucho menos con la economía de la casa.

TIPS

1.- No abandones del todo tu trabajo por dedicarte al hogar, mantén aunque sea un trabajo de medio tiempo o vende algo en tu tiempo libre.

8.- Cualquier ingreso extra cumple su propósito.

9.- No pagues todo a la mitad, deja que él sea el proveedor y tú le ayudas con una que otra cosa.

10.- No te vayas al extremo, entre más activa seas con las cuentas y haciendo los pagos, el hombre va a funcionar en efecto contrario y se volverá más pasivo.

11.- Ahorra, ahorra, ahorra, porque nunca vas a saber cuándo necesitas el dinero para una emergencia.

12.- Organiza tus finanzas, lleva tu contabilidad por más sencilla que sea. Haz una lista de tus ingresos y tus gastos cada mes. Recuerda que lo que no se mide, no se controla.

13.- Comienza a invertir en tu plan de retiro, invierte aunque sea una cantidad mínima cada mes, que esto irá creciendo y cuando menos pienses ya tendrás una buena cantidad.

14.- Si tu pareja es un FM (felizmente mantenido) asígnale cuentas que él deba de pagar, como los servicios públicos o la escuela de los hijos y que él sienta que tiene responsabilidades.

14 - ¿CÓMO PUEDES LOGRAR QUE HAGA LO QUE LE PIDAS?

Aprender a pedir lo que necesitamos de un hombre, es un arte y una ciencia, si es que queremos recibir la ayuda de ellos de una forma que no se sientan que les damos órdenes, ni que nos vean como su mamá. Los pasos son los siguientes:

1.- PÍDELO MÁS DE UNA VEZ

Si se lo pides sólo una vez, es como si nunca le hubieras dicho nada. Muchas veces, cuando les pides algo, permanecen en estado de "zombie". Cuando una mujer dice: *"Amor, ¿me puedes ayudar a pintar el cuarto del niño?* Esa pregunta entra por un oído y sale por el otro. No es que intencionalmente no nos quieran ayudar o que les somos indiferentes o no nos quieran, lo que sucede es que no están programados para eso.

Gaby le dijo a su esposo Gonzalo, *"¿Me puedes ayudar por favor a doblar y guardar la ropa que saqué de la secadora?, te la dejo en esta esquina".* Gonzalo, por su parte, la esquivaba o caminaba por encima de ésta. La ropa finalmente estuvo en este lugar durante una semana. Al preguntarle a él por qué no recogió la ropa, contestó: *"No la vi, no me acordé, es que para nosotros no tiene gran importancia".* De otro lado, le pregunté a Gaby, *"¿Cuántas veces le pediste que organizara la ropa?"* Me respondió con cara de asombro: *"Una, con eso debe ser suficiente...¿no?"* ¡Pues NO!

Si realmente queremos que hagan algo, debemos recordárselos una y otra vez, hasta que lo hagan. Yo sé que esto parece increíble, pero muchas veces lo tenemos que hacer. Su mente parece estar muy a menudo en otro planeta.

"Me haría muy feliz si me ayudas con esto". No con regaños, ni con quejas, ni con cantaleta. Utiliza un tomo suave y exprésale lo realmente importante que es para tí. No se te ocurra decir: *"¿Cuántas veces tengo que decirte que me ayudes a sacar la basura?"* y bla, bla bla.

Dile cuando esté tranquilo: *"Me gustaría hablar contigo, ¿cuándo me puedes regalar unos minutos?"* Una vez estés frente a él dile: *"Me siento un poco ____ (triste,cansada, desconcertada, etc.) me haría muy feliz si _____(la toalla está en su lugar, sacas la basura los lunes, compras el papel de la oficina, etc.) ¿Qué puedo hacer por ti para que tú me puedas ayudar?"*.

Yo tenía que pedir o casi suplicarle a Arturo, mi esposo, para que me ayudara a aspirar, porque me hace mucho daño el polvo por tener asma. Cuando le preguntaba *"¿Arturo, me puedes ayudar a Aspirar la casa?"* siempre me decía que sí, pero finalmente no lo hacía.

Una vez cambié la pregunta *"Me siento un poco asfixiada y con mucha tos, me haría muy feliz si la alfombra está limpia y libre de polvo. ¿Qué puedo hacer por ti para que me ayudes a aspirar?"* Él me respondió: *"Me puedes colocar la aspiradora al lado de la cocina para que la vea y lo tenga presente"* y santo remedio, a partir de ese día mi alfombra estaba perfectamente aspirada cada ocho días.

¿Qué sucede? Muchas de las cosas que les pedimos a los hombres no son importantes para ellos, así que las colocan en la última caja de su cerebro, donde no la encuentran. Cosas como sacar la basura, arreglar nuestro carro, comprar algo para la casa, poner los cuadros, hacer tareas con los niños, etc. muchas veces no están en su lista de prioridades urgentes, en cambio para ellos asuntos como traer dinero a la casa, practicar su deporte o ver un juego en la tele siempre están presentes.

Una mujer que conocí en un seminario, se estaba quejando de los hombres, en particular de su marido, porque ella le pidió desde octubre pasado que le pintara su habitación y han pasado 6 meses y no lo ha hecho. Su conclusión era *"los hombres no sirven para nada, mejor lo hago yo"*.

Compartí entonces esta técnica con ella, le dije: *"La próxima vez usa la pregunta mágica"*. Y esto fue lo que dijo a su esposo la siguiente vez: *"Tener nuestra habitación con nueva pintura y un color más cálido me haría muy feliz, porque el color que tiene es muy oscuro y triste, ¿Qué puedo hacer por ti para que pintes la habitación?"* Él le respondió: *"Solo tienes que comprar el galón de pintura con el color que quieres, un rodillo y un plástico para que no se nos manchen los muebles y con gusto lo hago este fin de semana"*.

La siguiente vez que nos encontramos tenía una cara de felicidad, me dijo que todo había sucedido mágicamente. *"Aunque estuve más de 6 meses pidiéndolo y él no hacía nada, hoy, finalmente, tengo mi recámara pintada y hasta hemos tenido más sexo ahora que tiene el nuevo color"*.

¿Qué sucedió? El hombre entendió la necesidad de ella y no lo escuchó como una orden. A nadie le gusta que le den órdenes, esta es la forma en que los hombres perciben las solicitudes de las mujeres. Ellos no quieren sentirse como niños a los que se impone algo y si no lo hacen recibirán un castigo. Si ellos lo ven como un trabajo en equipo, estarán más dispuestos a realizar todo lo que para nosotras es importante y nos haría feliz.

3. - AGRADECE

Una vez hayas logrado que el hombre realice lo que le pediste, felicítalo, agradécele y admíralo por lo que hizo. No se te ocurra decir: *"Te quedó sucio el tenedor, no guardaste los platos o quedó muy mal pintado".*

A este respecto, un amigo me comentaba que los sábados él le preparaba la cena a su esposa cuando ella llegaba tarde del trabajo. Pero cuando ella se levantaba de la mesa empezaba la cantaleta porque le dejaba la cocina "hecha un desastre". Él no se sintió valorado ni apreciado por hacer ésto y decidió nunca más prepararle la cena.

15 - ¿CÓMO TENERLO LOCO POR TI EN EL SEXO Y QUE REGRESE POR MÁS?

ABRE TU RESTAURANTE LAS 24 HORAS

Para ellos el sexo es una súper meta en la vida por la cual vale la pena luchar. La culpa de ésto es la testosterona o los genes programados para seducir a la hembra y reproducirse.

Esto varía de un hombre a otro. El 97% de los hombres heterosexuales asocia inmediatamente la mujer con sexo y sólo las quieren para eso (de ahí que a muchos les cueste tener amigas sólo como amigas). Esto es así al comienzo, pero poco a poco se enamoran, tienen pareja y forman una familia como el resto.

Si fuera por ellos, tendrían siempre sexo simple, en la misma posición y sin mucho preámbulo. Para ellos el sexo es una vía de procreación o de obtención de placer y para eso no existe la necesidad de tanto juego o caricias.

La mayoría de los hombres entrevistados recomiendan abrir tu restaurante las 24 horas, de esta manera, cada vez que tu hombre se sienta hambriento, no tendrá la necesidad de buscar por otros lados, porque él ya sabe que tu estás disponible.

TIPO DE MENÚ PARA TU RESTAURANTE:

COMIDA RÁPIDA

Para complacerlo rápidamente, sin mucho calentamiento ni preparación. No se necesitan velas, ni ropa sexy, ni vino, ni palabras románticas. ¿Alguna vez has comido en McDonald's que está abierto las 24 horas? Es así de sencillo, tienen hambre, pasan en su carro por la ventana del *drive-thru*, hacen el pedido y en unos minutos ya tienen su comida lista. No hay necesidad de arreglarse, ni hacer reservaciones.

Para muchos hombres el sexo es una necesidad básica como comer o dormir y algunas veces sólo quieren sentir ese deseo de libertad y relajación que les produce el sexo. Tú no tienes que desear tener sexo, tú serás su muñeca inflable, eres simplemente una herramienta para que el satisfaga sus deseos. No será más de 5 minutos y el estará feliz todo el día. Si tú lo complaces, quedará relajado y te tendrá como a una reina.

COMIDA CASERA O CORRIENTE

Este es sexo tradicional, con la piyama de diario o con una que otra variación. Ese se realiza normalmente durante la semana, de la forma más tradicional, sin mucho preparativo. Muchas veces están los hijos en casa o tienes invitados y no puedes hacer muchas travesuras. No hay mucha planeación, es solo para disfrutarse un rato el uno al otro, solo te lleva unos minutos y tu día comenzará con una gran sonrisa.

Concéntrate en que tu meta es lograr el orgasmo y no dependas 100% de él, dale algunas indicaciones, pero ten presente que el responsable de llegar a tu orgasmo eres tú.

COMIDA GOURMET

Este sí es el mejor para nosotras, para el que hay que hacer reservación, tener un traje sexy adecuado y disfrutar de esta delicia lentamente, con un buen vino, velas y usar toda tu creatividad.

Si tienes hijos, separa una noche de hotel, consigue quien te los cuide y desde la mañana envíale mensajes eróticos que vayan sembrando el momento para una deliciosa noche de pasión. Escríbele mensajes como *"amor, tengo la tanga roja que tanto te gusta, faltan solo 6 horas"*.

Aprovecha cuando la casa está sola, ponle una cita y espéralo para hacer locuras en la ducha, llena la tina de burbujas y colócale pétalos rojos, pídele a él que te sorprenda, que ese será el día para tener sexo gourmet.

Gloria se quejaba que Raúl su esposo no la quería porque algunas veces él solo quería tener sexo con ella, sin tanta preparación ni calentamiento. Ella decía que se sentía utilizada porque él solo pensaba en sus necesidades y no en las de ella. Discutían todo el tiempo y al final se acostaban molestos y sin ningún sexo. Cada vez su relación se deterioraba más.

Cuando me escuchó en un programa de radio hablando sobre los 3 menús del restaurante del sexo, todas sus creencias y paradigmas sobre el sexo cambiaron. Habló con su esposo y éste le dijo que el hecho que algunas veces únicamente quisiera tener sexo sólo por placer, no significaba que no la amaba, sino que también la deseaba como mujer. Esto mejoró muchísimo la relación entre ellos. Ella ya está dispuesta a tener abierto su restaurante de comida rápida y también el de prepararse muy bien para cuando sea el momento de tener un delicioso sexo gourmet, donde la pueda complacer lentamente para hacerla volar muy alto.

04

CONSEJOS DE ELLOS PARA NOSOTRAS

CONSEJOS DE ELLOS PARA NOSOTRAS

Después de realizar cientos de encuestas a hombres de diversas culturas, clases sociales y edades, una de las preguntas más significativa fue: *"Si tuvieras la oportunidad de decirle a tu mujer, o a millones de mujeres, ¿cómo debemos entender a los hombres, qué nos dirías?"* Esto fue lo que respondieron algunos:

- Que digan "no" a veces. No mucho, pero de vez en cuando para recordarnos que no son sumisas.
- ¿Por qué debo recordarte que *"te amo"* todo el tiempo? Si tú sabes que yo te amo.
- Si no siento que puedo hacerte feliz, me siento motivado a buscar a otra mujer que yo pueda lograr hacer feliz.
- Por favor no me preguntes cómo te ves a menos que estés dispuesta a confiar en mi respuesta.
- No me gusta discutir contigo, prefiero llegar a un acuerdo.
- Que no estés tarde, prefiero que estés lista cuando te recoja.
- Yo no leo la mente. Recuerda, yo no soy una mujer. Dime lo que necesitas y punto.
- Siento que confías en mi cuando me pides consejos.
- No me gusta cuando me minimizas o me ridiculizas en frente de otros.
- Cuando las trato de ayudar y me dicen que pueden solas, me dan ganas de no volver a hacerlo.
- Siento que compiten conmigo cuando insisten en estar a cargo de todo.
- No siempre sé cómo me siento, por eso lo digo.
- No hagas cosas por mí. Lo que deseo es que me dejes hacer cosas por ti.
- No deseo saber nada más de tus exnovios o exmaridos.
- No me preguntes *"¿Cómo te vas a poner eso?"* cuando ya estoy vestido

- No me contradigas en público, aunque no estés de acuerdo conmigo.
- Si no creen que se ven hermosas, tampoco nos van a creer a nosotros, aunque se lo digamos varias veces.
- No importa cuánto pesen, las vemos tan atractivas como se sienten.
- Yo no recuerdo todo de nuestra relación y eso no significa que no te amo
- Necesito tiempo a solas para calmarme cuando estoy molesto, para no decir algo que me pueda arrepentir.
- Si no te comparto lo que pienso es porque no creo que me vayas a escuchar sin interrumpirme.
- No me gusta discutir ni adivinar lo que está mal. Solo dímelo para arreglarlo.

ACERCA DE LA AUTORA

Clara Jaramillo es madre, esposa, empresaria, inversionista, conferencista, motivadora, escritora y líder de la comunidad.

Después de su divorcio a principios de 2002, decidió realizar una investigación sobre los hombres para no repetir los mismos errores del pasado. Durante estos últimos años ha estado recopilando los principales conceptos recibidos a través de la observación, experiencias personales, entrevistas a cientos de hombres, seminarios y decenas de libros relacionados con este tema. Fue así como nació este libro.

Clara fue reconocida como una de las 10 personas latinas más influyentes de San Diego, California y ha sido invitada a dar conferencias en distintas partes de Estados Unidos, México y Colombia. Además ha participado en importantes noticieros como NBC, Telemundo, Univisión, Teleantioquia, Telemedellín entre otros. Durante varios años tuvo su propio programa de radio llamado *"Clara te aclara"*.

Es la fundadora y directora de la organización *"Mujeres con Mayúscula"* dedicada al crecimiento y liderazgo de la mujer, con presencia en varios países, con miles de miembros y en constante crecimiento.

Actualmente vive felizmente con su esposo Arturo y su hijo Samuel que son su mayor inspiración. Clara disfruta de la lectura, la playa, el camping y viajar.

Si deseas que Clara Jaramillo hable en tu organización o evento envía un correo a *info@clarajaramillo.com*.

Otras conferencias de Clara Jaramillo

• Como entender a los Hombres, sólo para Mujeres
• Hombres, sexos y risas
• Debes ser feliz para ser exitoso, no al revés
• Dinero Rosa (lo que todas las mujeres deben saber sobre el dinero)
• Logra lo que quieres cuando quieres

Recibe gratis el video de la conferencia *"Cómo entender a los hombres, sólo para mujeres"* de Clara Jaramillo, enviando un correo a info@clarajaramillo.com

¿Deseas ser parte de una comunidad de mujeres extraordinarias? regístrate en *www.MujeresconMayuscula. com* donde recibirás recomendaciones, ideas, videos y artículos relacionados con temas de importancia para las mujeres.

También puedes conectarte con nosotras a través de Facebook: *www.facebook.com/mujeresconmayuscula*

www.ingramcontent.com/pod-product-compliance
Lightning Source LLC
Chambersburg PA
CBHW060131050426
42448CB00010B/2071